Für dich...

Liebesgedichte
Lyrik

Harald Birgfeld

*Harald Birgfeld, geb. in Rostock, lebt seit 2001 in 79423 Heitersheim. Von Hause aus Dipl.-Ingenieur, befasst er sich seit 1980 mit Lyrik. Im Verlag **ars nova** erschien von ihm der Gedichtband, 295 S., "Auf deiner Reise zum Rande im Rande des Randes der Sonne".*
In 23 Anthologien ist er vertreten.
Harald Birgfeld schrieb seine Gedichte überwiegend während der Fahrten in der Hamburger S-Bahn zur und von der Arbeit.

Aus dem Gutachten, 1986, einer an der Universität Freiburg tätigen Literaturwissenschaftlerin:
"Es lohnt sich, einmal einen heutigen Dichter kennen zu lernen, der mit der deutschen Sprache einen faszinierend fremden Weg betritt und trotzdem dem Leser Freiraum lässt für eigene Gedankengänge, ohne dass die Probleme in erhobener Zeigefingermanier zu zeitkritischen Trampelpfaden werden."

Buchumschlag: Harald Birgfeld

Herausgeber, Autor, Redakteur: Harald Birgfeld.
e-mail: Harald.Birgfeld@t-online.de
Im Internet unter : www.Harald-Birgfeld.de

Herstellung und Verlag:
BoD - Books on Demand, Norderstedt
ISBN: 9783732295746

Inhaltsverzeichnis

4

15 Augen-Blicke

Für dich

Draußen liegt das Meer.
Die Wellen laufen ruhig über Sand.
Am Strand geht eine Frau, die ruft nach mir
Mit einem Fingerlocken.
Weit,
Schon fast im Horizont,
Steht weiß der Augenaufschlag
Eines Segels,
Den lässt sie vor meinen Blicken
Untergehn:
„Es ist ja nicht verloren.
Es wird wiederkommen".

Heute will ich dich

Heute will ich dich
Verführen,
Heute will ich dich
In eine rosa Bettenwolke legen,
Heute will ich dich
An deiner neuen Seelenhaut berühren,
Heute will ich dich,
Dass du nie wieder von mir lassen kannst,
Und heute will ich dich
An dir in dir erleben.

Heute will ich dich,
Dass du uns nicht mehr
Voneinander unterscheiden kannst,
Und heute will ich dich
Und will
Und dich,
Dass du mich willst
Und uns
Und dass du willst….

Ich weiß, wovon du träumst

Du sinkst in einen Stuhl
Und machst die Augen zu,
Du lässt dich etwas gehn
Dein Atem kommt zur Ruh.

Ich weiß wovon du träumst

Ich flüster dir
Ein liebes Wort ins Ohr
Und setze einen Kuss
Auf deine Stirn

Über dich

Ich habe dich erfahren.
Du bist gar nicht so wie ich
Dich für mich dachte,
Als ich dachte
Dass du wärst,
Als ich
Mich für dich dachte.

Du bist weißer als dein Porzellan,
Darunter roher als dein frischer Ton,
Den formst du dir zum Brennen.

Außer mir glaubt mir kein Mensch
Wie sehr ich dich
In meine Hand zu nehmen wünsche.

Du wirst feinster Sand an mir,
Der fällt in meine Augen,
Der schläft alles zu,
Der rieselt dich durch mich
Und lässt mir
Keine Ruh.

Ich habe dich
Ein ganz klein wenig,
Nur so viel ,
Dass ich noch atme, esse, lebe,
Lieb.

Wenn

Wenn du dich zu mir legst
Und deine Stimme,
Funkelnd und zugleich verhalten gurrend
Als Geschmeide warmer, weicher Worte
Über deine Zunge weht,
Wenn du dich an mir formst
Und mich so zu dir formst,
Dass ich danach
Den Tag nur als Verlust
Der zweiten Hälfte seh,
Wenn ich im Bild
Dein Bild versuche,
Und dich schließlich wahr erlebe,
Honigmilch von dir
Auf meine Lippen nehme,
Wenn wir uns
Und endlich
Ohne Schatten an den Füßen
Flügelleicht begegnen
Wenn…..

Bleib Erinnerung,
Ich bitte dich,
Versteckt.

Du gießt dir Kaffee ein,
Dann mir.
Wie wahr du bist.
Nur weil du liebst
Lässt du mich sein
So wie ich bin
Und wie ich dir
Gefalle.

Mit weit zurückgelegtem Kopf

Heute Abend hast du mich
Ins Fell gebissen,
In die Wange, in die
Oberlippe, und
Es zitterte vor Zärtlichkeit
Dein Mund.
Der Schmerz ist süß,
Das weißt du und
Mein Aufschrei ist dir fast
Genug.

Beim Abschied hast du dich
Erneut versucht,
Du Liebe, du, mein Herz.
Dein Haschen wird noch
Enden,
Wenn du voll in Blüte stehst,
Als Königin der Nacht.

Du hast das Spiel
Gemacht,
Damit ich seh
Und weiß
Was Einsatz gilt
An dir.
Den überlässt du mir
Mit weit zurückgelegtem Kopf....

Du blickst so still mir nach.
Ich denke laut zurück
Und ruf: „Bis dann".
Du lächelst hinterher.

Ganz spät denk ich
Bis wann
Ist dann?

Gebet

Du bist die Höhe,
Bist die Breite,
Bist die Länge
Und die Zeit.

Ich bin darin,
In dir,
In deiner Zeit
Nur eine Räumlichkeit.
Die währt
In Ewigkeit,
Die ist zu lang
Für Traurigkeit
Und viel zu kurz
Für Glück.

Trotzdem,
Gib mir den Augenblick
Nach meiner Ewigkeit.
Zurück.

Irre Zärtlichkeit

Goldstaub, du,
Und Filigran in meinem Auge,
Nähe,
Irre Zärtlichkeit an mir.

Ich selbst
Befahre
Mit Konfettisonnensegeln
Deine Haut
Und regne mich
Ganz tief in dich
An die Verborgenheit.

Das hast du mir angetan,

Dass ich die Leidenschaft zu dir verwein
Und nichts passiert,
Und meine Hand nichts hält,
Und selbst Verzicht
Zu nichts zerrinnt.

Kein Wort,
Das mich betraf,
Traf mich
Aus deiner Hand,
Und keine Hand
Aus deinem Mund
Wurd mir
Zum Wort.

So flieg
Denn aus
Erinnerung,
Vergiss
Und lass,
Was war,
Erinnert sein.

Die Hand von dir
Und blass die Haut darauf.
Mein Mund verlangt
Nach einem Kuss.
Der steigt an deiner Hand
Bergauf.

In deinen Augen stand
Die Sichel ungesprochner Worte.

Als wir gestern,
Nur getrennt durch die Entfernung
Eines hingehauchten Kusses,
Und mit der Berührung unsrer Haare
An den Schläfen,
In der Kirche
Auf der Holzbank saßen,
War die nicht aus Holz.
Und dieses kleine
Weihnachtslied von einer Ros,
Die mitten in der Nacht….

Du neben mir standst
Voll in weißer Blüte, dass ich mich
In dir verfing,
In dem Gezweig aus
Seelenhäutung, die fand statt,
Aus Körperduft, der galt ganz mir,
Aus Zwitscherstimme, die dich jubilieren ließ,
Aus einer Schulter, die versuchte die Berührung.

Und dein Handgelenk,
Ein Inselchen verbliebner Lässigkeit,
Hervorgeschaut aus Stoffen, die dich wärmten,
Nahm ich mir als Landeplatz.

In deinen Augen stand die
Sichel ungesprochner Worte.

Flügelpferd und Sonne

Nicht weit
In einer Höhe über mir,
Zum Greifen nah,
Sah ich das Flügelpferd,
Es graste in der Luft.

Dahinter stand die Sonne,
Die beschrieb mit eignen
Worten, was sie sah,
Und ließ sich gleich
Auf seinem Rücken nieder.

Zwischen dem Gefieder
Hingen ihre gelben Locken
Bis herab zu mir,
Den Mund an seinem Ohr
Verschwieg sie sich
Fast ganz und sagte nur:
„Sieh unter uns die Schatten,
Die sind wir".

Vom See nahm ich den Weg nach Haus,
Und meine Augen ließ ich noch
Im hellen Grün und Blau der Gipfel über mir
Spazierengehen,
Ließ sie sich vom Goldhaar blenden,
In den schwarzen Punkten, die entstanden,
Frauenblick und Ohrgehänge, Wimpern sehen.
Meine Ohren, die ich nicht verstecken konnte,
Hörten leises Atmen unter körperhaftem Schmiegen
Und das Stampfen
Eines unerhörten Rufes mit dem Fuß.

In Eile taten sich die Schatten,
Buchenstamm um Buchenstamm, zusammen,
Wurden Wald,
Und Dämmerung schwieg mir
Entgegen.

Wenn ich die Frau begehre

Weit entfernt der kleine Strich.
Am Himmel steigt das Flugzeug auf,
Darunter Dächer Unbekannter.
Mein Balkon in zehnter Höhe
Lässt mich überschauen,
Da ist weiter nichts.

Klaviermusik aus meinem Zimmer.
Nein, es ist das Radio.
Sonst will ich keine Sendung mehr, die mich erinnert.
Nachrichten verbiete ich dem Ohr.

Ein Wind hier oben voller
Essensdüfte.

Ist Erinnerung an Heimat
Nicht für mich?
An Liebe,
An Berührung so viel weniger
Mein Krieg,
Als Krieg
In einem andren Land?

Wenn ich die Frau begehre,
Weiß ich, dass uns eine Grasbank
Reicht.
Dort richtet sie auf sich
Das Bett.

Dein Haar erinnert mich...
Ach nein, lass sein.
Erinnerung erinnert sich
Zum Schluss allein
An dich.

Ich hab an mich gedacht

Ich hab an mich gedacht,
An mich gedacht,
Gedacht an mich.

Ich habe nicht an dich
Das erste Mal seit langem nicht
An dich gedacht.

Was ich für mich gedacht,
Für mich gedacht,
Betraf nur dich.

Ich wünschte dich für mich
Und mich für dich
Und hab an mich dabei gedacht.

Du mit dir im Arm

Jetzt, als du
Das Wasser aus dem Fell der Seele
Schütteltest,
Begriffst du deine Sennsucht.
Du verstandst,
Warum
Aus Kindertagen grüne Felder,
Baumumrandet,
Lichtgewärmt,
An rotes Backsteinhaus gewachsen,
Dich so streichellieb
An Gegenwart erinnerten.
Du wusstest nun, warum sich
Bilder über Bilder schieben,
Und warum ein Schuh dir immer
Wieder in dem feuchten Grund
Verloren gehen musste.

Du,
Im Laufen hügelab,
Kamst mir mit dir im Arm entgegen:
„Das bin ich.
Und zwischen dir und mir
Liegt nicht ein Tag,
Den du nicht kennst".

Dich, mein Herz...

Du,
Leiser, warmer, gelber, Sommerhauch
In meinem Arm,
Du,
Schatten,
Der vom Kirschbaum niederfällt,
Um mich zu kühlen,
Du,
Mein Umhang und das liebe Wort
In meinem Mund
Das Zungennass auf meiner Lippe liegt,
Du,
Sommerkuss aus
Roter Beere.

Dich, mein Herz,
Will ich
Mit meinen Händen
Ganz und gar
Umschließen.

Dein Arm ist fast um meinem Hals.
Ganz hoch hebst du ihn an.
Ich mache mich für dich ganz klein
Und innerlich ganz groß.

Ich ließ dich an mir verstreichen

Du fielst als Stern,
Und deine Richtung, hatte keine
Schwerkraft sondern einen Wunsch.

Ich, auf deinem Weg, kam dir entgegen,
Du auf meinem, warst mir Zeichen ferner Himmel.
Davon hatte ich geträumt.

Du wolltest glauben,
Freiheit könnte in der Freiheit
Nur auf Freiheit treffen...

Meine Freiheit machte mich nicht frei.

Mein Wunsch nach größter Nähe war zu nah,
Nach Haut an Haut
Und engen Worten, die im andren Mund
Gesprochen und von dort direkt
Ins Herz geträufelt würden.
Ja, ich dachte viel zu sehr an die,
Die wir verletzen müssten,
Sah den Riss aus Liebe
Durch die Liebe schließlich selbst entstehen.
Meine Ohren hielten auch umsonst
Nach sanften Liebesworten Ausschau,
Ein Verlust, der mich die Liebesleichtigkeit,
Die du empfandst,
Nicht trinken ließ.

Dein Beispiel,
Wie es einmal war, als es mit einen andren
Anders, unvergleichlich, war,
Nahm ich nicht an,
Und ließ dich ganz und gar an mir
Verstreichen.

Du lügst, das weiß ich,
Weil du lügen musst:
„Ich liebe dich",
Denn wäre wahr,
Was du mir sagst,
Dann brächte mich
Dies Wort von dir
Zu einem Glück,
Das wäre über dir
Und über mir,
Zu schwer für unsre Liebe.

Ich bitte dich, sprich nichts.
Du sagst so viel,
Weil du so lange schweigst.
Die Augen halt ich dir
Mit meinen Händen zu,
Den Mund mit meinem Mund.
Nur so
Ertrage ich in meinem Glück
Noch die Beredsamkeit
An dir.

Dein Fuß ist ausgestreckt
Und unbewacht.
Die Zehen spielen
Mit sich selbst,
Ich liebe dich
Und das, was dir an dir geschieht,
So sehr.

Das kann ich nicht verstehn:
Wie du mit einer Fingerspitze,
Auf den Tisch gestellt,
Dich hältst,
Nicht schwankst,
Und alles, was du weißt
Erzählst.

Ich könnte dich, den Finger, deinen Arm,
Die Körperhaltung, das Gesicht, genau beschreiben.
Nur von dem,
Was du mit tausend Gesten sagtest,
Weiß ich nichts
Und habe dir doch sehr gut
Zugehört.

Sie macht ein ruhiges Gesicht,
Das sagt mir,
Dass sie liebt.
Sie sieht auf mich,
Und ich darunter
Seh an ihr die Augenwinkel
Zucken
Und den Mund.
So fängt ihr Lachen an.

Geheim
Bleibt ihr Geheimnis,
Was sie denkt.

Vielleicht probiert sie in Gedanken
Neue Sachen an,
Trägt jetzt gerade
Einen Hut aus Stroh,
Mit einem Fisch
In einem Nest
Darin.

Ich schau auf deine Augen,
Schau auf deine Haut,
Auf deinen Mund,
Auf dich und alles,
Was zu dir gehört.
Du hast es gut,
Du hast dich immer.
Hast es immer gut bei dir
Mit dir
Und dir an dir.

Man könnte dich darum
Beneiden.

Aus deiner Stimme
Rollt ein Tuch————
Aus Samt.
Das kleidet dich,
Das hängt dir um,
Das trägt auf sich,
Als strahlendes Gestirn,
Den Glanz aus deinen Augen.

Ja, ich weiß,
Zu dir zu langen
Reicht mein Arm
Nicht aus,
Obwohl ich dich
In Händen halte.

Von deinem Hals
Ist es nicht weit
Bis an dein Ohr.
Ich plane einen
Überfall
Und beiße sanft
Hinein.

Das war es,
Was du wolltest,
Weiter nichts
Als nur
Gefangensein.

Du warst es,
Die mich fragte.
Ja, ich geb es zu:
Du bist die erste
Und die einzige,
Und die nach dir
Wird niemals sein.
Das schwör' ich dir.

Und du
Verschwörst dich nicht,
Weil ich nicht frage.
Niemals werde ich
Die Angst davor
Sich laut.
In Worte
Fassen lassen.

Ich lass nicht zu,
Dass jemand von mir sagt,
Er machte sie
Zu seiner Frau.
Vielleicht sogar, dass du
Es selber glaubst.
Nein, als du wirklich
Deine Augen vor mir schlosst
Und dich nicht mehr
Verschlosst,
Gabst du dich frei
Als Frau,
Um Frau zu sein an mir.

Du warst schon aus dem Haus.
Im rosa Bad
Begegneten mir noch
Die nassen Tripelschritte
Hochgestellter Füße.

Zeh auf Zeh setz ich
Und hüte mich
Den Weg
Zu überqueren.
Augenblicke noch,
Dann zieht die Nässe auf
Und wirklich leer
Von dir
Wird jeder Raum.

Liebevoll

Ich sehe sie im Umgang miteinander,
Wie sie miteinander umgehn
Wie sie umeinander gehen
Und sich wohlgefällig
In der Augensprache mehr als
Schwesterlich verstehen.

Liebevoll begegnen sie sich, fast vertraut,
Sind Pilzesammlerinnen guter Worte,
Die kein Gift in ihre Körbe lassen,
Die vermeiden jede arge List
Und können miteinander lachen.

Meine Augen reichen kaum,
Die Vielfalt dieser sanften Heimlichkeiten,
Die sie sich enthüllen,
Die sie sich verschenken,
Dieses übervolle Blumenbeet von Blühendem
Und von der Blüte in die schöne Frucht
Sich Wandelndem,
Zu überblicken.

So geht Liebevolles
Mit dem Liebevollen um.

Ihr Lachen ist ein zierliches
Und hastiges
Und frohes Läuten kleiner Glöckchen,
Die sie an den Fußgelenken,
An den Handgelenken
Und in Wirklichkeit
In ihren Mündern tragen.

Ob sie wissen,
Welch ein heimliches Gefühl
Der Neigung zueinander sie erleben?
Ob sie wissen,
Dass ein Außenstehender,
Fast darüber selbst ein wenig glücklich,
Sich bis jetzt gehütet hat,
Aus Angst, in eine Glücklichkeit zu greifen,
Diesen Glücklichen
Ihr Glück mit Worten zu beschreiben?

Drei Knospen

Drei Knospen auf leisem See.
Duftgewand am Uferrand.
Die erste Blüte springt,
Die vollen Blätter öffnet sie ganz zart.

Ein ungesprochnes Liebeswort
Perlt mir als Tau zum Kelch
Ins Herz.

Eine Frau liebt

Ihr Kopf liegt mir im Arm,
Und das Gesicht,
Ein wenig von mir abgewandt,
Horcht still nach innen.
Warm ist ihre Haut,
Und sie lässt zu,
Dass sich mein Mund an ihrem Hals
Und später auf der Brust verliert.
So treibt sie unter mir,
Ein losgebundnes Boot,
Das auf und nieder wogt.
Die leichten krausen Wellen
Ihres weichen Körpers
Glätten meine Hand
Und tastet auch zugleich
Nach ihrem Schoß,
Das Zucken einzudämmen.

Durch die geschlossnen Lider
Sieht sie gut
Den tiefen Zug,
Den ich aus ihrem Körper tu.
Randvoll gefüllt
Ist heut der Becher.
Sie will auch,
Nun schnell erwacht,
Sich ganz darein versenken,
Sie will baden,
So wie ich, in diesem Nass,
Und drängt und atmet flach
Und hält mich fest an sich.

Den Mund, die Lippen,
Schmückt ein leichtes, kaltes Rot,
Das ich,
Als ich dann zu mir komm, an ihr entdeck.

Ihr Haar hatt ich mir
Und den Kopf
Gewaltsam hingezogen,
Hingebogen ihren Leib,
Gewölbt ihn, mir entgegen,
Rücksichtslos sie dann geliebt.
Doch blieb sie willig,
Löste sich von mir danach sogleich.
Was sie noch eben sprengte
War ihr nun ganz einerlei.
Mir schien sie völlig eins und frei,
Und ihre flinken Augen
Stahlen ihrer Umwelt schon
Die nächste Sensation.

Nacht am See

Grüne Fährte Wind,
Streichelst sanft
Das Wellenheben,
Bringst das Klirren
Junger Weiden
Mir zum Lob.

Singst ein Schlummerlied
Im Halm des Rohres
Über unsren Leibern.

Eine Nacht hast du geklungen,
Deine liebevolle Kühle
Uns gezwungen,
Eng zu schmiegen
Und zu liegen
Tief im Raum,
Die eine Nacht.

Warte, greife nicht nach mir

Im Augenblick, als sich
Dein Bild von mir
Und meine Welt
Einander rieben,
Sagtest du ein falsches
Wort:
"Warte, greife nicht
Nach mir",
Und spannst im
Wort das Netz,
In dem sich meine
Worte, die erschöpften Vögel, fingen.

Ermattet von dem Wunsch
Nach dir
Und von dem Wunsch, ich könnte
Frei und ohne deine Hilfe
Durch die Maschen fliegen,
Ließ ich ab von dir.

Im rosa Bad erkannten
Unsere Rücken,
Wand an Wand,
Die Wohligkeit der Wärme.

In deiner ausgestreckten Hand
Trugst du die Kanne
Voll mit frischem
Wasser für die Blumen,
Die du liebtest,
Auf der Fensterbank.

Mich fand
Der Spiegel nackt.

Ein Frösteln wuchs mir
Über Arm und Leib.

Und durch dein dünnes Morgenkleid
Hob sich
Zum Licht
Die Silhouette
Deines Körpers ab.

Ach, Geliebte.
Alles hier trägt deinen Namen.
Blauer Flügelschlag der Lilien, deine Lider
Gehen auf und nieder.
Blütenhauch der Rose,
Gläsernes Geplätscher der Libelle
Fließt herab von ihrem Purpurkelch
In Liebesworten
Wie aus deinem Mund.
Sperling in den Zweigen
Zwitschert als der helle Tropfen
Deines Lachens.

Verliebt

Verliebt in ihren Schoß,
Der jung vermählt
Sich bot und doch nach Wiederholung
Angstvoll spähte,
Spülte Kuss auf Kuss in ihre hohle Hand
Und ihre Schenkel seine Lust hinweg.

Ihr feiner, kleiner Leib,
Vom reinsten Garn gewoben,
Nahtlos kupferfarben überzogen,
Rollte über weiße Laken,
Einer Perlenkette gleich,
Und Schnur und Haken
Brachte er herbei.

Fremde Gitter

Deine Speise ist nicht meine Speise,
Und dein Trunk ist nicht mein Trunk, und
Deine Ordnung, die du liebst, ist
Nicht die Ordnung, die ich halte.

Deine Freiheit ist nicht meine Freiheit.
Deine Pflicht bestimmt mir nicht mein Tun,
Der Kampf, für den du stirbst,
Ist mir nicht Tod genug.

Die Sonne warf den heißen Überhang
Auf unsre Dächer.

Brütend lud das Flimmern
Der rnetall'nen
Gegenstände zum Verbrennen ein.

Auf spitzen Pfoten zog das
Katzentier sich schmiegend um
Dein nacktes Bein.

Du zögertest nur einen Augenblick,
Dich dieser Hitze
Ganz in Hitze hinzugeben,
Und ließt Glut der Stangen fremder Gitter
Glühend, fremd und Gitter sein.

Bunter frischer Blumenstrauß

So lieb ich dich,
So mag ich dich.
Mit neuen Farben
Male ich die Worte aus,
Die du gleich
Sprechen wirst.

Deine Finger spüren
Nach dem Ohrgehänge,
Tasten nach dem Stein,
Prüfen das Geschmeide,
Nichts darf dir verloren gehen.
Lächelnd siehst du zu,
Dass dich mein Mund
Beraubt.

Diadem.
Hohe Stirn,
Langes Kleid.

Perlenschnur
Ins Haar geflochten
Ruft nach Muscheln,
Ruft nach Tauchern.

Meine Hände eilen,
Stehen zwischen
Kleidersaum und Küste.

Perlenfischer
Zwischen deinen nackten Schultern
Will ich sein.

---

15 Augen-Blicke

Du mein Diadem
Knospen brechen aus dem Zweig
Du mein Blumenstrauß

Spiel mit Leichtigkeit
Deine Wolken tragen dich
Wo ist Berührung

Nichts ist aus Musik
Dunkelheit macht dir Farbe
Reicht das Wort dir aus

Kleines Haus im Schloss
Tür in einem großen Tor
Herz schlägt im Herzen

Endlich steigst du auf
Ich bin dir vorbereitet
Wir sehen uns zu

Schmetterling steigt
Garten ohne Zaun für dich
Du bist mir im Blick

Wir sind weit davor
Du dahinter bist in mir
Ich bin ganz direkt

Jetzt fall ich dir ein
Ja, du fielst mir in den Schoß
Fallen ohne Halt

Deine Gegenwart
Ist unablässig Streicheln
Meiner Gegenwart

Am Schmiegekörper
Ich verlasse mich in dich
Du umwächst dich mir

Sonnenblick Graswind
Denk an meine Tür im Beet
Laube in der Nacht

Zauberbringerin
Dein Fuß stampft gegen dich auf
Vergib der Sehnsucht

Tempelsingerin
Du unterliegst dich gerne
Ranke Melodie

Zauberschlange Stein
Dein Fuß in meinem Handkuss
Du mein Gewölbe

Blaubusch Weißsteinwuchs
Blütenschnee verführt zum Traum
Dein Kleid ist scheinbar

ISBN: 9783732295746